Lernwörterbuch Juristische Abkürzungen

Die etwa 600 wichtigsten Abkürzungen
in der deutschen Behörden- und Rechtssprache
sowie deren Übersetzung ins Englische

**Ein Lernwörterbuch für angehende Übersetzer,
Dolmetscher, Juristen und Auszubildende in
den Rechtsberufen!**

Autor:
Wilfried F. W. Oppermann

Impressum:

ISBN: 978-3-7557-929-25
Herausgeber / Autor: Wilfried F. W. Oppermann
Umschlag: Monika Mahnke │ MIKAADO Grafikdesign │ www.monika-mahnke.de
Herstellung und Verlag: BoD - Books on Demand, Norderstedt

Vorwort

Das „Lernwörterbuch Juristische Abkürzungen" ist kein Nachschlagwerk im klassischen Sinne. So etwas gibt es nämlich schon, sogar eine Vielzahl davon, sowohl in gedruckter als auch digitaler Form, und viele davon wesentlich umfassender als dieser Zwerg unter den Wörterbüchern.

Dieses Wörterbuch wendet sich ganz speziell an Übersetzer/Dolmetscher/Juristen, die am Anfang ihres Studiums oder Berufslebens stehen, aber auch an Auszubildende in den Rechtsberufen, die die Grundlagen für ihren Beruf erst noch erwerben müssen.

Zu diesen Grundlagen gehören auch die allgegenwärtigen fachsprachlichen Abkürzungen in der Rechts- und Behördensprache, die später, wenn man erst einmal im Beruf tätig ist, kaum mehr Schwierigkeiten bereiten.

Dieses Wörterbuch listet die in etwa 600 am häufigsten vorkommenden Abkürzungen zusammen mit den entsprechenden englischen Übersetzungen auf, deren Bedeutung erfahrene Übersetzer/Dolmetscher/Juristen kennen. Das vorliegende Verzeichnis erhebt daher keinen Anspruch auf Vollständigkeit und ist somit kein konventionelles Nachschlagwerk, sondern ein „Lernwörterbuch".

Winsen, August 2022   Wilfried F. W. Oppermann

Inhaltsverzeichnis

Korrekte Schreibweise von Abkürzungen

Glücklicherweise ist in Deutschland so ziemlich alles geregelt, so auch die Schreibweise von Abkürzungen - nämlich in der DIN 5008. Diese DIN ist eine Regelung im Sinne von Empfehlung. Ebenso verhält es sich auch mit der Rechtschreibung nach Duden. Eine Empfehlung, keine Forderung. Im Prinzip kann also jeder so schreiben, wie er oder sie es will. Angefangen in der Schule, wird davon auch reichlich Gebrauch gemacht. Mit anderen Worten: paradiesische Verhältnisse für alle des Schreibens Unkundige.

Wen das stört, an dieser Stelle einige allgemeine Regeln zur Rechtschreibung von Abkürzungen, an die sich eben nicht alle halten, oft auch Fachautoren und oft wissentlich. Daher kommt es in der Praxis häufig zu unterschiedlichen Schreibweisen.

Regel 1: **Abkürzungen, die so gelesen werden, als wären sie nicht abgekürzt, erhalten einen Punkt am Ende.** Beispiel: evtl. Gelesen eventuell, daher ein Punkt!

Regel 2: **Mehrere abgekürzte Wörter hintereinander werden mit einem Leerzeichen voneinander getrennt.** Beispiel: i. A. (im Auftrag). Das sind zwei Wörter, deshalb ein Leerzeichen zwischen dem „i." und dem „A.".

Natürlich nichts ohne Ausnahme: „usw." und „usf." werden nicht mit Leerzeichen geschrieben.

Regel 3: **Abkürzungen, die zum allgemeinen Sprachgebrauch gehören und selten in ihrer Langform ausgesprochen werden, erhalten weder ein Leerzeichen zwischen den Wörtern noch einen Punkt am Ende.** Beispiel: GmbH

Regel 4: **Physikalische Größen (z. B. km, mA), Währungen (z. B. EUR), Himmelsrichtungen (z. B. SW) und chemische Elemente (z. B. Fe) werden ohne Punkt geschrieben.**

Regel 5: **Bei Gesetzen/Verordnungen werden Abkürzungen ohne Punkte und Leerzeichen geschrieben. Binnenversalien können vorkommen (UStG).**

Zugegeben, eine ziemlich geraffte Darstellung. Eine umfassende Erklärung der Regeln einschließlich der richtigen Schreibweise von Abkürzungen findet man unter anderem im „Wörterbuch für Abkürzungen" von Duden.

Zeichen und deren Sprechweise

/   Das „/" taucht in Aktenzeichen auf.
*200/15 liest sich „zweihundert aus fünfzehn", wobei 200
die laufende Nummer und 15 das entsprechende Jahr ist.*

./.   gegen
im Rubrum
Im Englischen „versus", meist abgekürzt „vs."

§   gelesen: Paragraf
geschrieben: §
*Im Englischen wird das Paragrafenzeichen als „section
sign" oder „section symbol" bezeichnet.*
*„§" wird im Englischen im Allgemeinen mit „section"
übersetzt und auch so gelesen.*

§§   Paragrafen
Beispiel: gem. §§ 1741 ff. →ff
Gelesen: gemäß den Paragrafen 1741 und folgende

Abkürzungen

a. A.	anderer Ansicht,	different view,
	anderer Auffassung	different opinion
AAK	Atemalkoholkonzentration	breath alcohol concentration (BrAC)
a. a. O.	am angegebenen Ort	loco citato (loc. cit.)
	unter derselben Fundstelle	*at the place cited*
	→**ebd.**	
ABH	→**ALB**	

abl.	ablehnend *gegenüber einer zuvor* *zitierten Lehrmeinung*	disagreeing *with an opinion just used*
ABl.	→**Amtsbl.**	
Abs.	Absatz *eines Gesetzes/Paragrafen*	subsection, paragraph (par., para.) *Plural: paras (ohne Punkt)*
	Absender	sender (SNDR)
Abschn.	Abschnitt *eines Gesetzes*	section
abs.	absolut	absolute
abw.	abweichend *von einer zuvor zitierten* *Lehrmeinung*	in derogation of, notwithstanding
a. D.	außer Dienst	retired (retd)
a. d. D.	auf dem Dienstweg	through official channels
AE	Aufenthaltserlaubnis	residence permit
	Abfindungserklärung	acceptance of lumb-sum settlement
a. E.	am Ende *einer Fundstelle*	at the end
a. F.	alte Fassung *einer Vorschrift*	original version, unamended version
AG	Amtsgericht	local court GB ähnlich: county court US ähnlich: municipal court
	Ausführungsgesetz	Implementation Act
Ag.	Antragsgegner	respondent
ÄG	→**ÄndG**	

AGB	allgemeine Geschäftsbe-dingungen	general terms and conditions (GTC)

„allgemeine Geschäftsbedingungen" stehen immer im Plural, somit ist die Abkürzung AGB ebenfalls Plural. Die Schreibweise „AGBs" ist falsch. Ebenso wie die Schreib-weise „Allgemeine ..." mit großem „A".

AGG	Allgemeines Gleichbe-handlungsgesetz *ugs. Antidiskriminierungs-gesetz*	General Equal Treatment Act
AktG	Aktiengesetz	Stock Corporation Act (D), Companies Act (GB), Corporation Law (US)
Aktz.	→**Az.**	
AI **AIin**	Amtsinspektor/in Amts- und Dienstbezeichnungen bleiben unübersetzt	
ALB auch: **ABH**	Ausländerbehörde *auch: Ausländeramt (**ALA**)*	foreigners` registration office
allg. A.	allgemeine Ansicht, allgemeine Auffassung	current opinion, prevailing opinion
allg. M.	allgemeine Meinung	current opinion, prevailing opinion
Alt.	Alternative	alternative (alt.)
a. M.	anderer Meinung	[to hold a] different opinion, separate opinion
Amtsbl. auch: **ABl.**	Amtsblatt	official gazette der EU: official journal
ÄndG auch: **ÄG**	Änderungsgesetz	amending act
ÄndVO	Änderungsverordnung	amending ordinance

angef.	angefügt *auch: →Anl. →Anh.*	attached, appended, affixed
Anh.	Anhang *zu einem Schriftstück*	appendix (Pl. appendices)

Ein "appendix" enthält Informationen, die nicht im Hauptdokument angeführt werden können und ergänzt somit das Hauptdokument. Ein Anhang ist kein eigenständiges Dokument. →Anl.

Anl.	Anlage *einem Schreiben beigelegt*	enclosure (encl.) *Ein eigenständiges Dokument.*
	Anlage *zu einem Gesetz / einer Urkunde / einem Schriftstück*	annex *Ein gesondertes eigenständiges Dokument.*
Anm.	Anmerkung	note
AnwBl	Anwaltsblatt *Eine juristische Fachzeitschrift*	
AO	Abgabenordnung	Tax Code, Fiscal Code
	Anordnung - behördliche	directive, order
	- richterliche oder gerichtliche	(court) order
ApoG	Gesetz über das Apothekenwesen *Kurztitel: Apothekengesetz*	Pharmacy Act
ArbG	Arbeitsgericht	labour court
ArbGG	Arbeitsgerichtsgesetz	Labour Court Act
ArbZG	Arbeitszeitgesetz	Working Hours Act

arg. § ...	Argument aus § ...	argument from Section ...
Art.	Artikel *Gesetze in Deutschland sind (willkürlich) entweder in Artikel (Art.) oder Paragrafen (§) unterteilt.*	acticle
ASD	Allgemeiner Sozialer Dienst	general social service
ASt	Antragsteller/in	petitioner
AsylG	Asylgesetz	Asylum Act
AsylVfG	Gesetz über das Asylver- fahren *Kurztitel: Asylverfahrens- gesetz*	Asylum Procedure Act
AT auch: **allg. T.**	allgemeiner Teil *eines Gesetzes*	general part
AU-Beschei- nigung	Arbeitsunfähigkeitsbe- scheinigung	certificate of incapacity for work
AufenthG	Gesetz über den Aufent- halt, die Erwerbstätigkeit und die Integration von Ausländern im Bundes- gebiet *Kurztitel: Aufenthaltsge- setz*	Act on the Residence, Economic Activity and Integration of Foreigners in the Federal Territory *Kurztitel: Residence Act*
aufgeh.	aufgehoben *Gesetz, Entscheidung*	repealed
AÜG	Gesetz zur Regelung der Arbeitnehmerüberlassung *Kurztitel: Arbeitnehmer- überlassungsgesetz*	Temporary Employment Act
Ausf.	Ausfertigung *einer Urkunde*	execution, official copy

ausf.	ausführlich	in detail, full *Beispiel: full reasons (ausführliche Begründung)*
AusfVO auch: **AVO**	Ausführungsverordnung	implementing regulation
AuslG	Gesetz über die Einreise und den Aufenthalt von Ausländern im Bundesgebiet *Kurztitel: Ausländergesetz*	Aliens Act
Ausn.	Ausnahme	exception
AVAG	Gesetz zur Ausführung zwischenstaatlicher Verträge und zur Durchführung von Abkommen der Europäischen Union auf dem Gebiet der Anerkennung und Vollstreckung in Zivil- und Handelssachen *Kurztitel: Anerkennungs- und Vollstreckungsausführungsgesetz*	Recognition and Enforcement Implementation Act
AVO	→**AusfVO**	
AWG	Außenwirtschaftsgesetz	Foreign Trade Act
Az. auch: **Aktz.**	Aktenzeichen	docket number (docket No.), file number, case number
a. Z.	auf Zeit *Richter, Beamter*	on limited appointment
AZR	Ausländerzentralregister	Central Register of Foreign Nationals
b.	bezahlt	paid

BA	Blutalkohol *Eine juristische Fachzeitschrift*	
	Bundesagentur für Arbeit	Federal Employment Office
bab	→**begl. A**	
BAB	Bundesautobahn	federal motorway
BAföG	Bundesgesetz über indi- viduelle Förderung der Ausbildung *Kurztitel: Bundesausbil- dungsförderungsgesetz*	Training Assistance Act
BAG	Bundesarbeitsgericht	Federal Labour Court
BAK	Blutalkoholkonzentration	blood alcohol concentration, blood alcohol content (BAC)
BAMF	Bundesamt für Migration und Flüchtlinge	Federal Office for Migration and Refugees
BAnz	Bundesanzeiger	Federal Gazette
BauGB	Baugesetzbuch	Town and Country Planning Code
BauR	Baurecht *Eine juristische Fachzeitschrift*	
b. a. W.	bis auf Weiteres	pending further notice, until further notice
BayObLG	Bayerisches Oberstes Landesgericht	Bavarian Higher Regional Court
BayVGH	Bayerischer Verwaltungs- gerichtshof	Higher Administrative Court of Bavaria

b. b.	bereits benannt *statt der Anschrift eines Zeugen, die zuvor schon angeführt wurde*	already named
BB	Betriebs-Berater <small>*Eine juristische Fachzeitschrift*</small>	
BBiG	Berufsbildungsgesetz	Vocational Training Act
Bd.	Band	volume
Bde.	Bände	volumes
BDSG	Bundesdatenschutzgesetz	Federal Data Protection Act
BdSt	Bund der Steuerzahler	[German] Taxpayers Federation
begl.	beglaubigt	certified
begl. A.	beglaubigte Ablichtung oder Abschrift *einer Urkunde*	certified copy
Beigel.	Beigeladener	interested third party, summoned party with an interest in the proceedings
Bek.	Bekanntmachung	announcement
bekl.	beklagt	defendant
Bekl.	Beklagter	defendant
BeklV	Beklagtenvertreter	defending counsel
Bem.	Bemerkung	note
ber.	berichtigt	corrected

BerBiFG	Gesetz zur Förderung der Berufsbildung durch Pla-nung und Forschung *Kurztitel: Berufsbildungs-förderungsgesetz*	Vocational Training Promotion Act
BerGer	Berufungsgericht	court of appeal
Berufungskl.	Berufungskläger	appellant
Beschl.	Beschluss	[court] order, order of the court
Beschw.	Beschwerde	complaint, appeal
bestr.	bestritten	contested
Bet.	Beteiligter	party, person involved
betr.	betrifft	concerned, concerning
Betr.	Betroffener	party concerned, person affected
	Betreff	reference
BetrVG	Betriebsverfassungsgesetz	Works Constitution Act
BeurkG	Beurkundungsgesetz	Notarization Act
Bev.	Bevollmächtigter	person holding the power of attorney, agent, authorized representative
BewG	Bewertungsgesetz	Valuation Law
bez.	bezahlt	paid
Bez.	Bezeichnung	designation, denomination
Bf.	Beschwerdeführer	apellant

BFH	Bundesfinanzhof	Federal Finance Court
BFJ	Bundesamt für Justiz	Federal Office of Justice
BfV	Bundesamt für Verfassungsschutz	Federal Office for the Protection of the Constitution
BGB	Bürgerliches Gesetzbuch	Civil Code
BGBl.	Bundesgesetzblatt	Federal Law Gazette
BGH	Bundesgerichtshof	Federal Court of Justice
BGHSt	Entscheidungen des BGH in Strafsachen	Decisions of the Federal Court of Justice in Criminal Matters
BGHZ	Entscheidungen des BGH in Zivilsachen	Decisions of the Federal Court of Justice in Civil Matters
BGleiG	Bundesgleichstellungsgesetz	Federal Act on Gender Equality
bish. Rspr.	bisherige Rechtsprechung	previously held legal position
BKA	Bundeskriminalamt	Federal Criminal Police Office
BKGG	Bundeskindergeldgesetz	Child Benefits Act
Bl.	Blatt *i. S. v. Blattnummer* *Beispiel: Bl. 2 d. A.* *(Blatt 2 der Anlage)*	page *Annex, page 2*
BMG	Bundesmeldegesetz	Federal Registration Act
	Bundesministerium für Gesundheit	Federal Ministry of Health

BMI	Bundesministerium des Innern, für Bau und Heimat *Kurztitel: Bundesinnenministerium*	Federal Ministry of the Interior, Building and Community
BMJV	Bundesministerium der Justiz und für Verbraucherschutz *Kurztitel: Bundesjustizministerium*	Federal Ministry of Justice and Consumer Protection
BMWi	Bundesministerium für Wirtschaft und Energie	Federal Ministry for Economic Affairs and Energy
BND	Bundesnachrichtendienst	Federal Intelligence Service
BNotO	Bundesnotarordnung	Federal Code for Notaries
BPatG	Bundespatentgericht	Federal Patent Court
BPOL	Bundespolizei	Federal Police
BRAK	Bundesrechtsanwaltskammer	Federal Chamber of Lawyers
BRAO	Bundesrechtsanwaltsordnung	Federal Lawyers' Act
BSG	Bundessozialgericht	Federal Social Court
BSHG	Bundessozialhilfegesetz	Federal Social Assistance Act
BsozG	→**BSG**	
bspw.	beispielsweise	for example (e.g.)
Bst.	→**Buchst.**	
BStBl	Bundessteuerblatt	Federal Tax Gazette

BT	Besonderer Teil *eines Gesetzes*	specific part
BtMG	Gesetz über den Verkehr mit Betäubungsmitteln *Kurztitel: Betäubungs-mittelgesetz*	Narcotics Act
Buchst.	Buchstabe	letter
b. u. v.	beschlossen und verkündet	decided and pronounced
BV	Beschlussverfahren	procedure leading to a court order
BVerfG	Bundesverfassungsgericht	Federal Constitutional Court
BVerfGE	Entscheidungen des Bundesverfassungsgerichts	Review of the Decisions of the Federal Constitutional Court
BVerfGG	Gesetz über das Bundesverfassungsgericht *Kurztitel: Bundesverfassungsgerichtsgesetz*	Act on the Federal Constitutional Court
BVerfSchG	Gesetz über die Zusammenarbeit des Bundes und der Länder in Angelegenheiten des Verfassungsschutzes und über das Bundesamt für Verfassungsschutz *Kurztitel: Bundesverfassungsschutzgesetz*	Act on the Protection of the Constitution
BVerwG	Bundesverwaltungsgericht	Federal Administrative Court

BVFG	Gesetz über die Angelegenheiten der Vertriebenen und Flüchtlinge *Kurztitel: Bundesvertriebenengesetz*	Federal Expellees Act
BVG	Gesetz über die Versorgung der Opfer des Krieges *Kurztitel: Bundesversorgungsgesetz*	Federal Law on Pensions to War Victims
bzgl.	bezüglich	with repect to (w.r.t.)
BZR	Bundeszentralregister	Federal Central Criminal Register
BZRG	Gesetz über das Zentralregister und das Erziehungsregister *Kurztitel: Bundeszentralregistergesetz*	Act on the Federal Central Criminal Register and the Educative Measures Register
d. A.	der Akte	of the file
DA	Dienstanweisung	office instruction(s)
DB	DER BETRIEB *Eine juristische Fachzeitschrift*	
DBest.	Durchführungsbestimmung[en]	implementing regulation(s)
D. E. M. V.	Deutscher Einheitsmietvertrag	standard German rental agreement
dergl.	dergleiche(n)	suchlike, of that kind
ders.	derselbe *der schon einmal Zitierte*	the same
d. h.	das heißt, das ist	i.e. (id est) *gelesen: that is*

d. i.	das ist *gleichbedeutend mit* →**d.h.**	
d. M.	des Monats	of the month
DNA	engl. Abkürzung für deoxyribonucleic acid = Desoxyribonukleinsäure (DNS)	
DNotZ	Deutsche Notar-Zeitschrift *Eine juristische Fachzeitschrift*	
DNS	Desoxyribonukleinsäure	deoxyribonucleic acid (DNA)
DÖV	Die Öffentliche Verwaltung *Eine juristische Fachzeitschrift*	
DPMA	Deutsches Patent- und Markenamt	German Patent and Trade Mark Office
DR	Dienstregister *„Auftragsbuch" eines Ge-* *richtsvollziehers*	bailiff's register
DRiZ	Deutsche Richterzeitung *Eine juristische Fachzeitschrift*	
d. ü. F. v.	die übrigen Fragen vernei- nend	all other questions answered in the negative
DVBl	Deutsches Verwaltungsblatt *Eine juristische Fachzeitschrift*	
DVO	Durchführungsverordnung	implementing regulation
EB	Empfangsbekenntnis	acknowledgement of receipt
ebd.	ebenda *am gleichen Ort, an* *gleicher Stelle*	ibidem (ib., ibid.), op. cit., at the same place

ebd. ≠ a. a. O.
„ebenda" bezieht sich immer auf dieselbe Stelle, d. h. auf
die direkt zuvor bereits angegebene Seite, während sich
„a. a. O." auf eine andere Seite aus einer direkt zuvor

angegebenen Veröffentlichung bezieht.

EBV	Eigentümer-Besitzer-Verhältnis	owner-possessor relationship
Ef.	Einspruchsführer	complainant
EG auch: **EinfG**	Einführungsgesetz	introductory act
EGBGB	Einführungsgesetz zum Bürgerlichen Gesetzbuch	Introductory Act to the Civil Code
EGGmbHG	Einführungsgesetz zum Gesetz betreffend die Gesellschaften mit beschränkter Haftung *Kurztitel: GmbHG-Einführungsgesetz*	Introductory Act to the German Companies Act
EGHGB	Einführungsgesetz zum Handelsgesetzbuch	Introductory Act to the German Commercial Code
EGInsO	Einführungsgesetz zur Insolvenzordnung	Introductory Act to the Insolvency Statute
EGMR	Europäischer Gerichtshof für Menschenrechte	European Court of Human Rights (ECtHR)
EheG	Ehegesetz	Marriage Act
EinfG	→**EG**	
EKHK **EKHKin**	Erste/r Kriminalhauptkommissar/in Amts- und Dienstbezeichnungen bleiben unübersetzt	
EMA	Einwohnermeldeamt	[residents'] registration office
EMRK	Europäische Menschenrechtskonvention	European Convention on Human Rights (ECHR)
endg.	endgültig	final

EPA	Europäisches Patentamt	European Patent Office (EPO)
EPHK **EPHKin**	Erste/r Polizeihauptkommissar/in Amts- und Dienstbezeichnungen bleiben unübersetzt	
Erbl.	Erblasser	decedent, testator
ErbSt	Erbschaftssteuer	inheritance tax (IHT)
ErbStG	Erbschaftssteuer- und Schenkungssteuergesetz	Inheritance and Gift Tax Act
erf.	erforderlich	required, necessary
erff.	erforderlichenfalls	if required; as far as necessary
Erg.	Ergänzung	supplement(ary) (supp., suppl.)
	Ergebnis	result
EStDV	Einkommensteuer-Durch-führungsverordnung	Income Tax Ordinance
EStG	Einkommensteuergesetz	Income Tax Act
EStR	Einkommensteuerricht-linien	income tax guidelines
EuAlÜbk	Europäisches Ausliefe-rungsübereinkommen	European Convention on Extradition
EuGH	Europäischer Gerichtshof	European Court of Justice (ECJ)
EuGVÜ	Europäisches Übereinkom-men über die gerichtliche Zuständigkeit und die Voll-streckung gerichtlicher Entscheidungen in Zivil- und Handelssachen	European Convention on Jurisdiction and the Enforcement of Judgments in Civil and Commercial Matters

EuGVVO	Verordnung über die gerichtliche Zuständigkeit und die Anerkennung und Vollstreckung von Entscheidungen in Zivil- und Handelssachen	Ordinance on Jurisdiction and Recognition and Enforcement of Judgments in Civil and Commercial Matters
EuZVO	Europäische Zustellungsverordnung	EU Service Regulation
EV auch: **E. V.**	Eidesstattliche Versicherung *auch: Versicherung an Eides statt*	affirmation in lieu of an oath
	Eigentumsvorbehalt	retention of title (ROT)
	einstweilige Verfügung	interim injunction
ev.	eventuell	probably
	evangelisch	Protestant
f.	folgende	following
FA	Fachanwalt	specialized lawyer
	Finanzamt	tax office, revenue office
FAER	Fahreignungsregister *ehemals: VZR (Verkehrszentralregister)*	German Register of Driver Fitness
FamFG	Gesetz über das Verfahren in Familiensachen und in den Angelegenheiten der freiwilligen Gerichtsbarkeit	Act on the Procedure in Family Matters and in Matters of Non-contentious Jurisdiction
FamRÄndG	Gesetz zur Vereinheitlichung und Änderung familienrechtlicher Vorschriften *Kurztitel: Familienrechtsänderungsgesetz*	Family Law Alteration Act

FamRZ	FamRZ - Zeitschrift für das gesamte Familienrecht *Eine juristische Fachzeitschrift*	
f. d. R. d. A.	für die Richtigkeit der Abschrift	certified to be a true copy
f. d. R. d. a. A.	für die Richtigkeit der auszugsweisen Abschrift	certified to be a true extract copy
f. d. R. d. U	für die Richtigkeit der Unterschrift	certified to be a true signature
f. d. R. d. Ü	für die Richtigkeit der Übertragung *vom Diktatband*	certified to be a true transcript
f. d. R. d. Ü. v. T.	für die Richtigkeit der Übertragung vom Tonträger	certified to be a true transcript of the recording
FeV	Verordnung über die Zulassung von Personen im Straßenverkehr *Kurztitel: Fahrerlaubnis-Verordnung*	Driving Licence Regulations
f. e. T.	früher erster Termin	early first hearing (EFH)
ff.	(und die) folgenden (Dokumentseiten, Paragrafen etc.) *nicht: fortfolgende*	following (ff.), et seq. (et sequens) *gelesen: and the following*
FG auch: **FinG**	Finanzgericht	finance court
FGO auch: **FinGO**	Finanzgerichtsordnung	Finance Court Code
FlSt.	Flurstück	parcel [of land], plot of land
Fn. auch: **Fußn.**	Fußnote	footnote (f.n.)

FreizügG/EU	Gesetz über die allgemeine Freizügigkeit von Unionsbürgern *Kurztitel: Freizügigkeitsgesetz*	Act on the General Freedom of Movement for EU citizens, Freedom of Movement Act/EU
G	Gesetz	act, statute, law

„act" oder „law":
Das Recht in seiner Gesamtheit ist "law".
Einzelne Gesetze sind „acts" oder auch „statutes".

	Gericht	court
GA	Gerichtsakte	court file, case file
GBA	Generalbundesanwalt	Federal Public Procecutor
GBl.	Gesetzblatt	law gazette
gem.	gemäß	according to, pursuant to
GemO	Gemeindeordnung	municipal code
GemS	Gemeinsamer Senat *der obersten Gerichtshöfe des Bundes*	Common Senate
GenStA	Generalstaatsanwaltschaft	State Public Prosecutor's Office
ges.	gesetzlich	statutory, legal
GeS	→**GeSa**	
GeSa auch: **GeS**	Gefangenensammelstelle	pre-charge detention centre
gesch.	geschieden	divorced (div.)

GeschO	Geschäftsordnung *Gericht*	rules of procedure
ges. Vertr. auch: **GV**	gesetzlicher Vertreter	legal representative, legal guardian
GewO	Gewerbeordnung	Industrial Code
GewStG	Gewerbesteuergesetz	Trade Tax Act
gez.	gezeichnet	signed (sgd)
GG	Grundgesetz für die Bun- desrepublik Deutschland	Basic Law for the Federal Republic of Germany
ggf.	gegebenenfalls	if necessary, should occasion arise
Ggs.	Gegensatz	contrast, opposite
GKG	Gerichtskostengesetz	Court Fees Act
Gl.	Gläubiger	creditor
gl. A.	gleicher Ansicht	same opinion
GmbHG	Gesetz betreffend die Ge- sellschaften mit beschränk- ter Haftung *Kurztitel: GmbH-Gesetz*	Limited Liability Companies Act
GNotKG	Gesetz über die Kosten der freiwilligen Gerichtsbarkeit für Gerichte und Notare *Kurztitel: Gerichts- und Notarkostengesetz*	Court and Notary Fees Act
GoA	Geschäftsführung ohne Auftrag	agency without specific authorization
GOÄ	Gebührenordnung für Ärzte	Medical Fee Schedule (MFS)

Grdst.	Grundstück	real estate, real property
GRUR	GRUR Gewerblicher Rechtsschutz und Urheberrecht *Eine juristische Fachzeitschrift*	
GStA	Generalstaatsanwalt	State Public Prosecutor
GV auch: **Gvz.** **GVin**	Gerichtsvollzieher/in →**ges. Vertr.**	bailiff
GVBl.	Gesetz- und Verordnungs- blatt *eines Bundeslandes*	Law and Ordinance Gazette
GVG	Gerichtsverfassungsgesetz	Courts Constitution Act
GWB	Gesetz gegen Wettbe- werbsbeschränkungen	Act against Restraints of Competition
GwG	Gesetz über das Aufspü- ren von Gewinnen aus schweren Straftaten *Kurztitel: Geldwäsche- gesetz*	Money Laundering Act
Gz.	Geschäftszeichen	file reference number, file number, reference number
GZR	Gewerbezentralregister	Central Trade Register
h. A.	herrschende Ansicht/Auffassung →**h. M.**	
Halbs. auch: **HS**	Halbsatz	half-sentence
HB	Haftbefehl	arrest warrant
Hdb.	Handbuch	manual, handbook

HGB	Handelsgesetzbuch	Commercial Code (CC)
h. L.	herrschende Lehre	prevailing doctrine
h. M.	herrschende Meinung	prevailing opinion
h. Rspr.	herrschende Rechtsprechung	prevailing case law
HR	Handelsregister	Commercial Register
HRA	Handelsregister Abteilung A	Commercial Register, Section A
HRB	Handelsregister Abteilung B	Commercial Register, Section B
HRR	höchstrichterliche Rechtsprechung	decision by the supreme court
HRRS	**H**öchst**R**ichterliche **R**echtsprechung im **S**trafrecht *Eine juristische Online-Fachzeitschrift*	
hrsg. v.	herausgegeben von	published by, issued by
HS	→**Halbs.**	
HT	Haupttermin	main hearing
HV	Hauptverhandlung	[main] trial
HWiG	Gesetz über den Widerruf von Haustürgeschäften und ähnlichen Geschäften *Kurztitel: Haustürwiderrufungsgesetz*	Doorstep Selling and Similar Business Revocation Act
HwK	Handwerkskammer	Chamber of Crafts
HwO	Gesetz zur Ordnung des Handwerks *Kurztitel: Handwerksordnung*	Trade and Crafts Code

i. A.	im Auftrag	by order (nicht: by proxy)

Das Kürzel i. A. zeigt an, dass der Inhaber eine Vertre-tungsvollmacht für eine bestimmte Art von Geschäften hat. Mit i. A. dürfen nur Personen unterzeichnen, denen diese Vollmacht zuvor erteilt wurde.

i. d. F.	in der Fassung *bei geänderten Gesetzen*	as amended
i. d. F. v.	in der Fassung vom …	as amended on …
i. d. g. F.	in der geltenden Fassung	as amended
i. d. H.	in der Hauptsache	in the principal proceedings
i. d. j. g. F.	in der jeweils geltenden Fassung	as amended
i. d. R.	in der Regel	generally, as a rule
i. d. S.	in diesem Sinne	to this effect
i. E.	im Ergebnis	as a result, ultimately
	im Einzelnen	in detail
i. e. S.	im engeren Sinne	in the narrower sense, sensu stricto
i. F.	im Folgenden	hereinafter, henceforth
i. G.	in Gründung	in formation, under incorporation
i. H. d.	in Höhe des/der →**i. H. v.**	
i. H. v.	in Höhe von	in the amount of
i. I.	in Insolvenz	in insolvency

i. L.	in Liquidation	in liquidation
InsO	Insolvenzordnung	Insolvency Statute
IPR	Internationales Privatrecht	Private International Law (PIL)
i. R. d.	im Rahmen des/r	within
IRG	Gesetz über die internationale Rechtshilfe in Strafsachen	Act on International Mutual Assistance in Criminal Matters
i. S.	im Sinne	within the meaning of
	in Sachen	in re, in the case of
i. S. d.	im Sinne des	for the purpose(s) of, in the meaning of
i. S. v.	im Sinne von	for the purpose(s) of, in the meaning of
i. Ü.	im Übrigen	apart from this, in other respects
i. V.	in Vollmacht *rechtlich*	[By proxy]

Diese Form der Handlungsvollmacht gilt für fast alle Geschäfte, die der Betrieb eines Unternehmens mit sich bringt. Ohne dass diese Vollmacht erteilt wurde, darf der Unterschrift nicht das Kürzel i. V. hinzugefügt werden. Da diese Form der Vollmacht im angelsächsischen Raum so nicht existiert, ist eine Übersetzung nicht sinnvoll. „By proxy" kann als Erklärung hinzugefügt werden.

i. V. m.	in Verbindung mit	in conjunction with (i.c.w.)
i. W.	im Wesentlichen	essentially, substantially

i. w. S.	im weiteren Sinne	in a broader sense, in the broader sense, sensu lato
i. Z.	im Zweifel	in case of doubt
JA	Justizangestellter	judicial clerk, court clerk
JAA	Jugendarrestanstalt	detention center, attendance center
JAe	Justizangestellte	judicial clerk, court clerk
JAI **JAIin**	Justizamtsinspektor/in *Amts- und Dienstbezeichnungen bleiben unübersetzt*	
Jg.	Jahrgang *einer Zeitschrift*	year
JGG	Jugendgerichtsgesetz	Youth Courts Act
JHS **JHSin**	Justizhauptsekretär/in *Amts- und Dienstbezeichnungen bleiben unübersetzt*	
JKostG	Justizkostengesetz	Court Costs Act
JOS **JOSin**	Justizobersekretär/in *Amts- und Dienstbezeichnungen bleiben unübersetzt*	
JS **JSin**	Justizsekretär/in *Amts- und Dienstbezeichnungen bleiben unübersetzt*	
JuM	Justizministerium *eines Bundeslandes*	Ministry of Justice
jur.	juristisch	legal
JURA	JURA - Juristische Ausbildung *Eine juristische Fachzeitschrift*	
JurBüro	JurBüro - Das juristische Büro *Eine juristische Fachzeitschrift*	

JUS	JUS - Juristische Schulung *Eine juristische Fachzeitschrift*	
JuSchG	Jugendschutzgesetz	Youth Protection Act
JVA	Justizvollzugsanstalt	prison
JVEG	Gesetz über die Vergütung von Sachverständigen, Dolmetscherinnen, Dolmetschern, Übersetzerinnen und Übersetzern sowie die Entschädigung von ehrenamtlichen Richterinnen, ehrenamtlichen Richtern, Zeuginnen, Zeugen und Dritten *Kurztitel: Justiz-Vergütungs- und -entschädigungsgesetz*	Judical Renumeration and Compensation Act
JVI **JVIin**	Justizverwaltungsinspektor/in *Amts- und Dienstbezeichnungen bleiben unübersetzt*	
JVKostG	Gesetz über die Kosten in Angelegenheiten der Justizverwaltung *Kurztitel: Justizverwaltungskostengesetz*	Legal Administrative Costs Act
JZ	JuristenZeitung *Eine juristische Fachzeitschrift*	
KFA	Kostenfestsetzungsantrag	application for taxation of costs
KFB	Kostenfestsetzungsbeschluss	court ruling on the taxation of costs
KfH	Kammer für Handelssachen	Chamber for Commercial Matters
KfW	Kreditanstalt für Wiederaufbau	Reconstruction Loan Bank

KHK **KHKin**	Kriminalhauptkommissar/in <small>Amts- und Dienstbezeichnungen bleiben unübersetzt</small>	
KJHG	Gesetz zur Neuordnung des Kinder- und Jugend-hilferechts *Kurztitel: Kinder- und Jugendhilfegesetz*	Child and Youth Welfare Act
KK **KKin**	Kriminalkommissar/in <small>Amts- und Dienstbezeichnungen bleiben unübersetzt</small>	
Kl.	Kläger/in	plaintiff, petitioner
	Klage	legal action, law suit
KlV	→**KV** (Klägervertreter)	
KOB	Kontaktbereichsbeamter *Polizei*	Community Beat Manager
KOK **KOKin**	Kriminaloberkommissar/in <small>Amts- und Dienstbezeichnungen bleiben unübersetzt</small>	
Komm.	Kommentar	comment
KostVO auch: **KostV** auch: **KV**	Kostenverordnung	Cost Regulation, Regulation on Costs
KrWaffKontrG auch: **KWKG**	Gesetz über die Kontrolle von Kriegswaffen *Kurztitel: Kriegswaffenkon-trollgesetz*	War Weapons Control Act
KSchG	Kündigungsschutzgesetz	Protection against Dismissal Act
KTU	Kriminaltechnische Unter-suchung *von Beweisstücken etc.*	forensic examination

KunstUrhG auch: **KUG**	Gesetz betreffend das Urheberrecht an Werken der bildenden Künste und der Photographie *Kurztitel: Kunsturhebergesetz*	Act on the Protection of the Copyright in Works of Art and Photographs *Kurztitel: Art Copyright Act*
KV	→**KostVO**	
KV auch: **KlV** **KVin** auch: **KlVin**	Klägervertreter/in	plaintiff's representative
KWKG	→**KrWaffKontrG**	
K. z. K.	Kopie zur Kenntnis	copy for your information (CFYI, c.f.y.i.)
LAG auch: **LArbG**	Landesarbeitsgericht	Higher Labour Court
lat.	lateinisch	Latin
l. d. v. g.	laut diktiert, verlesen und genehmigt	dictated aloud, read aloud and approved
lfd. Nr.	laufende Nummer	sequential number
LG	Landgericht	Regional Court
lit.	littera = Buchstabe *z.B. § 10 Abs. 5 lit h*	Im Engl. fällt das „lit." weg Also nur: ... 5 h
LKA	Landeskriminalamt	Federal State Office of Criminal Investigation
LL. B.	Bachelor of Laws (legum baccalaureus) *Ein akademischer Grad*	
LL. D.	Doctor of Laws (legum doctor) *Ein akademischer Grad*	

LL. M.	Master of Laws (legum magister) *Ein akademischer Grad*	
LS	Leitsatz *eines Urteils*	headnote, syllabus
L. S.	locus sigilli auch: loco sigilli *Ort des Siegels*	locus sigilli (l.s., L.S.) *Im Englischen kann es statt „Ort des Siegels" auch „anstatt eines Siegels" (instead of a seal) bedeuten. In diesem Fall steht l.s. dann oft in Klammern [l.s.].*
LSG auch: **LSozG**	Landessozialgericht	Higher Social Court
lt.	laut	in accordance with, according to
Ltd. OStA **Ltd. OStAin**	Leitende/r Oberstaatsan-walt/wältin	Chief Public Prosecutor
LZA	Lichtzeichenanlage *Verkehrsampel*	traffic lights, traffic signals
m. A.	meiner Ansicht	in my opinion
m. a. W.	mit anderen Worten	in other words
MB	Mahnbescheid	payment order, order for payment
m. B. u. R.	mit (der) Bitte um Rück-sprache	with request for consultation
m. d. A.	mit dem Antrag (auf …)	with the application (for …)
m. d. B. u. K.	mit der Bitte um Kennt-nisnahme	please take note
m. d. B. u. w. V.	mit der Bitte um weitere Veranlassung	for further action

m. d. E.	mit dem Ersuchen	with the request (for …)
mdl.	mündlich	orally
m. d. P. n. v. **u. n. v.**	mit den Parteien nicht verwandt und nicht verschwägert	not related to the parties by blood or marriage
MDR	Monatsschrift für Deutsches Recht *Eine juristische Fachzeitschrift*	
m. E.	meines Erachtens	in my assessment, in my opinion (IMO), in my view (IMV), in my estimation (IME)
MiStra	Anordnung über Mittei-lungen in Strafsachen	Regulations on the Transfer of Information in Criminal Matters
mj.	minderjährig	minor
MM	Mindermeinung	minority opinion
MPU	Medizinisch-Psychologi-sche Untersuchung *ugs. Idiotentest*	Medical-Psychological Assessment (MPA)
MRK	Menschenrechtskom-mission	Commission on Human Rights (CHR)
MSA	Haager Minderjährigen-schutzabkommen	Hague Protection of Minors Convention
MuSchG	Gesetz zum Schutz von Müttern bei der Arbeit, in der Ausbildung und beim Studium *Kurztitel: Mutterschutzge-setz*	Maternity Protection Act
m. W.	meines Wissens	to my knowledge (TMK)
m. w. N.	mit weiteren Nachweisen	with further evidence, with further references

m. W. v.	mit Wirkung vom	with effect from (w.e.f., wef), effective as of
Nachw.	Nachweise	evidence
NE	Niederlassungserlaubnis	permanent residence permit
Neuf.	Neufassung *eines Gesetzes*	revision, amended version, revised version
n. F.	neue Fassung *eines Gesetzes*	as amended, amended version
NfA auch: **nfa**	neu für alt *bei der Schadenersatz-berechnung*	new for old
n. f. d. G.	nur für das Gericht	for court use only
n. h. L.	nach herrschender Lehre	according to the prevailing doctrine
n. h. M.	nach herrschender Mei-nung	according to the prevailing opinion
NJOZ	Neue Juristische Online-Zeitschrift *Eine juristische Online-Fachzeitschrift*	
NJW	Neue Juristische Wochenschrift *Eine juristische Fachzeitschrift*	
N. N.	nomen nominandum *Namen [noch] zu nennen*	name hitherto unknown (NN)
Nr.	Nummer	No.
nrkr.	nicht rechtskräftig	not final
NStZ	NStZ · Neue Zeitschrift für Strafrecht *Eine juristische Fachzeitschrift*	
NVwZ	NVwZ · Neue Zeitschrift für Verwaltungsrecht *Eine juristische Fachzeitschrift*	

NZA	NZA · Neue Zeitschrift für Arbeitsrecht *Eine juristische Fachzeitschrift*	
NZV	NZV · Neue Zeitschrift für Verkehrsrecht *Eine juristische Fachzeitschrift*	
o. a.	oben angegeben	above-mentioned, aforementioned, as stated above
ö. b. u. b.	öffentlich bestellt und beeidigt	publicly appointed and sworn
öD	öffentlicher Dienst	civil service, public service
OGV OGVin	Obergerichtsvollzieher/in	senior bailiff
OLG	Oberlandesgericht	Higher Regional Court (HRC)
OLGSt	Entscheidungen des OLG in Strafsachen	Decisions of the Higher Regional Court in Criminal Matters
OLGZ	Entscheidungen des OLG in Zivilsachen	Decisions of the Higher Regional Court in Civil Matters
OStA OstAin	Oberstaatsanwalt/wältin	senior public prosecutor
OT	Ortsteil	community
OVG	Oberverwaltungsgericht	Higher Administrative Court
OWiG	Gesetz über Ordnungswi- drigkeiten *Kurztitel: Ordnungswidrig- keitengesetz*	Regulatory Offences Act
p. a.	per annum *pro Jahr, jährlich*	per annum

PA **PAin**	Patentanwalt/wältin	patent attorney

PaL ≠ eP
Problem anderer Leute ≠ eigenes Problem
Kleiner, aber feiner Unterschied, den manche Anwälte bei der Ausübung ihres Berufes machen. Für den Klienten dann vielleicht weniger gut.
☺ Mag dieser Eintrag den doch sehr trockenen Stoff etwas auflockern. ☺

Par.
Paragraf
allg.: paragraph
eines Gesetzes: article
oder: section
Beispiel: § 10 [2] = Section 10, subsection 2

PassG	Passgesetz	Passport Act
PatG	Patentgesetz	Patent Act
PD **PDin**	Polizeidirektor/in <small>Amts- und Dienstbezeichnungen bleiben unübersetzt</small>	
PflVG	Gesetz über die Pflicht- versicherung für Kraft- fahrzeughalter *Kurztitel: Pflichtversiche- rungsgesetz*	Compulsory Insurance Act for Motor Vehicle Owners
PfÜB	Pfändungs- und Überwei- sungsbeschluss	attachment and transfer order
PFV	Personenfeststellungsver- fahren	identification procedure
	Planfeststellungsverfahren	planning approval procedure
PHK **PHKin**	Polizeihauptkommissar /in <small>Amts- und Dienstbezeichnungen bleiben unübersetzt</small>	
PHM **PHMin**	Polizeihauptmeister/in <small>Amts- und Dienstbezeichnungen bleiben unübersetzt</small>	

phon.	phonetisch	phonetic,
	Das heißt, dass die richtige Schreibweise unklar ist, weil nach Gehör geschrieben wurde.	phonetical

PI	Polizeiinspektor/in	
PIin	Amts- und Dienstbezeichnungen bleiben unübersetzt	

PK	Polizeikommissar/in	
PKin	Amts- und Dienstbezeichnungen bleiben unübersetzt	

PKH	Prozesskostenhilfe	legal aid

PM	Polizeimeister/in	
PMin	Amts- und Dienstbezeichnungen bleiben unübersetzt	

POK	Polizeioberkommissar/in	
POKin	Amts- und Dienstbezeichnungen bleiben unübersetzt	

POLAS	POLizeiAuskunftsSystem	Police Information System
	Polizei-Auskunfts-System	
	ugs. Fahndungscomputer	

POM	Polizeiobermeister/in	
POMin	Amts- und Dienstbezeichnungen bleiben unübersetzt	

POR	Polizeioberrat/rätin	
PORin	Amts- und Dienstbezeichnungen bleiben unübersetzt	

pp.	perge, perge	ASO, and so on
	(Lat.) [und so fort]	
	Steht z. B. am Ende einer Teilausfertigung eines Scheidungsurteils	
	→**ppa.**	

ppa.	per Prokura (per procura autoritate)
auch: **pp.**	
auch: **p. p.**	*Das Kürzel ppa. zeigt in der Korrespondenz die Prokura an. Der Inhaber einer Prokura wird Prokurist genannt. Die Prokura ist eine umfassende Vollmacht, im Handelsge-*

setzbuch geregelt und im Handelsregister eingetragen. Da diese Form der Vertretungsvollmacht im angelsächsischen Raum nicht existiert, ist eine Übersetzung nicht sinnvoll. Die englische Abkürzung „pp." (per procurationem) hat die Bedeutung „on behalf of".

PR **PRin**	Polizeirat/rätin <small>Amts- und Dienstbezeichnungen bleiben unübersetzt</small>	
ProdHaftG	Gesetz über die Haftung für fehlerhafte Produkte *Kurztitel: Produkthaftungs-gesetz*	Product Liability Act
Prot.	Protokoll *bei Gericht*	record (of proceedings)
PStG	Personenstandsgesetz	Civil Status Act
PStV	Verordnung zur Ausführung des Personenstandsgesetzes *Kurztitel: Personenstands-verordnung*	Civil Status Ordinance
PublG	Gesetz über die Rechnungslegung von bestimmten Unternehmen und Konzernen *Kurztitel: Publizitätsgesetz*	Public Disclosure Act
PV	Parteienvertreter	legal representative, counsel
pVV	positive Vertragsverletzung	positive violation of contractual duty
PZU	Postzustellungsurkunde	official certificate of delivery by the post office
r	Recto = Vorderseite →**v** = Verso *z.B. Blatt 105r*	recto (r.)

r+s	recht und schaden *Eine juristische Fachzeitschrift*	
RA **RAmtfr**	Regierungsamtmann/Regierungsamtfrau *Amts- und Dienstbezeichnungen bleiben unübersetzt*	
RA **RAin**	Rechtsanwalt/wältin	attorney-at-law (Atty.)

Alle anderen Bezeichnungen wie „solicitor", „barrister", „lawyer", „counsel", „advocat" oder „jurist" haben besondere Bedeutungen in den einzelnen englischsprachigen Ländern und entsprechen dem deutschen Begriff Rechtsanwalt nicht. Der deutsche Rechtsanwalt wird am besten mit „attorney-at-law" wiedergegeben.

RAe	Rechtsanwälte	attorneys-at-law
RAuN	Rechtsanwalt und Notar	attorney-at-law and notary public
RdErl.	Runderlass	circular
Rdn. auch: **Rdnr.**	Randnummer *Randziffer, Randzahl*	marginal number
Rdz.	Randziffer *Randnummer, Randzahl*	marginal number
Ref.	Referat	section
	Referent *Sachbearbeiter*	head of section
Reg.	Regierung	government
	Register	register
ReNo	Rechtsanwalts- und Notar- fachangestellte/r	legal assistant
RGBl.	Reichsgesetzblatt	Reich Law Gazette
Rh-Ersuchen	Rechtshilfeersuchen	request for judicial assistance

Ri **Riin**	Richter/in auf Probe	probationary judge
RiAG **RiinAG**	Richter/in am Amtsgericht	judge at a local court
RiLG **RiinLG**	Richter/in am Landgericht	judge at a regional court
RiOLG **RiinOLG**	Richter/in am Oberlandes-gericht	judge at a higher regional court
RL	Richtlinie *Anweisung*	directive
Rn.	Randnote	marginal note
ROI **ROIin**	Regierungsoberinspektor/in Amts- und Dienstbezeichnungen bleiben unübersetzt	
Rpfleger	Der deutsche Rechtspfleger - Rpfleger *Eine juristische Fachzeitschrift*	
RPfl **RPflin**	Rechtspfleger/in	senior judicial officer
RPflG	Rechtspflegergesetz	Act on Senior Judicial Officers
RSV	Rechtsschutzversicherung	legal protection insurance
RV	Rentenversicherung	pension insurance, retirement insurance, pension scheme
RVG	Gesetz über die Vergütung der Rechtsanwältinnen und Rechtsanwälte *Kurztitel: Rechtsanwalts-vergütungsgesetz*	Act on the Remuneration of Lawyers
Rz.	Randziffer *Randnummer, Randzahl*	marginal number

s.	siehe	see, vide
S.	Satz	sentence
	Seite	page (p., pg.)
s. a.	siehe auch	see also *nicht: also see*
ScheckG	Scheckgesetz	Cheques Act
s. d.	siehe dort	quod vide (q.v.)
	siehe dazu	see
SEK	Sondereinsatzkommando *Polizei*	special police squad US: special weapons and tactics team (SWAT team)
SG auch: **SozG**	Sozialgericht	Social Court
SGB	Sozialgesetzbuch	Code of Social Law, Social Code
SGG auch: **SozGG**	Sozialgerichtsgesetz	Social Court Act
sic auch: [sic] auch: [sic!]	Vollständig lautet es: sic eratum scriptum = so stand es geschrieben	sic auch: [sic] auch: [sic!]
SIRENE	**S**upplementary **I**nformation **RE**quest at the **N**ational **E**ntry	
SIS	Schengener Informations-system	Schengen Information System (SIS)
s. o.	siehe oben	see above
sog.	so genannte(r)	so-called
SozG	→**SG**	

SozGG	→**SGG**	
SS	Schriftsatz	pleading US: brief
StA **StAin**	Staatsanwalt/wältin	public prosecutor
	Staatsanwaltschaft	public prosecutor's office
	Standesamt	register office
StAG	Staatsangehörigkeitsgesetz	Nationality Act
StAnz	Staatsanzeiger	Government Gazette
StB **StBin**	Steuerberater/in	tax consultant
StGB	Strafgesetzbuch	Criminal Code
StPO	Strafprozessordnung	Code of Criminal Procedure
str.	1. strittig *ein Problem, das unter-* *schiedlich ausgelegt wird* 2. streitig *streitgegenständlich*	disputed litigious
st. Rspr.	ständige Rechtsprechung	consistent practice of the courts
StVG	Straßenverkehrsgesetz	Road Traffic Act
StVK	Strafvollstreckungskammer	Court for the Execution of Prison Sentences
StVO	Straßenverkehrsordnung	Road Traffic Regulations
StVollzG	Strafvollzugsgesetz	Prison Act
StVZO	Straßenverkehrs-Zulas- sungs-Ordnung	Road Traffic Ordinance
s. u.	siehe unten	see below

SV	Sachverständige/r	expert
	Sozialversicherung	social insurance
TKÜ	Telekommunikations-überwachung	telecommunications surveillance
TÜ	Telefonüberwachung	telephone surveillance
TÜV	Technischer Überwa-chungsverein	Technical Supervisory Board
TV	Testamentsvollstrecker	executor
	Tatverdächtige	suspect
Tz.	Teilziffer	subsection
u. a.	und andere	et al. (et alteri) *gelesen: and others*
	und anderes	and others
	unter anderem	among others, inter alia
u. Ä.	und Ähnliches	and suchlike, and the like
UAbs.	Unterabsatz	subparagraph (subpar.)
u. a. m.	und anderes mehr	and much more
UdG	Urkundsbeamter der Geschäftsstelle	registrar of the court registry, clerk of the court
u. E.	unseres Erachtens	in our opinion
U-Haft	Untersuchungshaft	custody
umstr.	umstritten	disputed
UmwG	Umwandlungsgesetz	Transformation Act
unbestr.	unbestritten	undisputed

unstr.	unstreitig	undisputed
u. U.	unter Umständen	possibly, in some circumstances
UR	Urkundenrolle	register of deeds
UrhG	Gesetz über Urheberrecht und verwandte Schutzrechte *Kurztitel: Urheberrechtsgesetz*	Act on Copyright and Related Rights
UrkBdG	Urkundsbeamter der Geschäftsstelle	registrar of the court registry, clerk of the court
URNr. auch: **UR-Nr.**	Urkundenrollennummer	register of deeds number
Urt.	Urteil	judgment, decision, sentence
USt.	Umsatzsteuer	turnover tax US: sales tax
UStG	Umsatzsteuergesetz	Turnover Tax Act
u. v. a. m.	und vieles andere mehr	and much else
u. W.	unseres Wissens	to our knowledge
UWG	Gesetz gegen den unlauteren Wettbewerb	Act against Unfair Competition
Uz.	Unterzeichnete *nicht: (der) Unterzeichnende.* *„Unterzeichner" ist in der Rechtssprache unüblich.*	signatory, subscriber, the undersigned
v	Verso = Rückseite →**r** = Rekto *z.B. Blatt 105v*	verso (v.)

VA	Verwaltungsakt	administrative act
Var.	Variante	variant
v. A. w.	von Amts wegen	ex officio (e.o.)
VB	Vollstreckungsbescheid	enforcement notice
v. d. d.	vertreten durch den	represented by
Verf.	Verfügung *behördlich oder gerichtlich*	order
VerfGH	Verfassungsgerichtshof	Supreme Constitutional Court
Vergl.	→**Vgl.**	
VersAusglG	Gesetz über den Versorgungsausgleich *Kurztitel: Versorgungsausgleichsgesetz*	Pension Rights Adjustment Act
VersG	Gesetz über Versammlungen und Aufzüge *Kurztitel: Versammlungsgesetz*	Assembly Act
Vers.-N. auch: **VN**	Versicherungsnehmer	insurant, insured party
VersR	Versicherungsrecht - VersR *Eine juristische Fachzeitschrift*	
verst.	verstorben	deceased (dec., decd.)
Vertr.	Vertreter	representative
vertr. d. d.	vertreten durch den/die	represented by
verw.	verwitwet	widowed
VerwG	→**VG**	
VerwGeb	Verwaltungsgebühr	administrative fee

Vfg.	→**Verf.**	
v. g.	vorgenannt	aforementioned, above-named
VG auch: **VerwG**	Verwaltungsgericht	administrative court
VGem	Verwaltungsgemeinschaft *Zusammenschluss von Gemeinden*	association of adminis-trations
VGH	Verwaltungsgerichtshof	Higher Administrative Court
vgl.	vergleiche	see, confer (cf., cfr., conf.)
Vgl. auch: **Vergl.**	Vergleich *Einigung*	settlement
v. g. u.	vorgelesen, genehmigt, unterschrieben	read out aloud, approved, signed
v. H.	vom Hundert	% GB: per cent US: percent (pc, p.c.)
VN	→**Vers.-N.**	
VO	Verordnung	ordinance, regulation
VOB	Vergabe- und Vertrags-ordnung für Bauleistungen	Construction Contract Procedures
VOBl.	Verordnungsblatt	Official Gazette
vollstr.	vollstreckbar	enforceable
Vors.	Vorsitzender	chairman, chairperson
VRLG **VRinLG**	Vorsitzende/r Richter/in am Landgericht	presiding judge at the regional court

VROLG **VRinOLG**	Vorsitzende/r Richter/in am Oberlandesgericht	presiding judge at the higher regional court
VRS	Verkehrsrechts-Sammlung	Traffic Law Court Decisions
VT	Verkündungstermin	date for the pronouncement of a decision
VU	Versäumnisurteil	judgment by default
	Verkehrsunfall	traffic accident
v. u. g.	vorgelesen und genehmigt	read out aloud and approved
VV	Verwaltungsvorschrift	administrative regulation
	Vergütungsverzeichnis	list of fees
VwGO	Verwaltungsgerichtsord- nung	Rules of the Administrative Courts
VwVfG	Verwaltungsverfahrens- gesetz	Administrative Procedures Act
VZR	→**FAER**	
WaffG	Waffengesetz	Weapons Act
wauRi **wauRiin**	weitere/r aufsichtsführen- de/r Richter/in	additional supervising judge
WEG	Gesetz über das Woh- nungseigentum und das Dauerwohnrecht *Kurztitel: Wohnungsei- gentumsgesetz*	Act on the Ownership of Apartments and the Permanent Residential Right
WG	Wechselgesetz	Bills of Exchange Act
WGG	Wegfall der Geschäfts- grundlage	doctrine of frustration, frustration of contract
Widerbekl.	Widerbeklagter	counter-defendant

Widerkl.	Widerkläger	counter-plaintiff
WiStrG	Gesetz zur weiteren Ver-einfachung des Wirt-schaftsstrafrechts *Kurztitel: Wirtschaftsstraf-gesetz*	Economic Offences Act
WoGG	Wohngeldgesetz	Housing Benefits Act
WRP	WRP - Wettbewerb in Recht und Praxis *Eine juristische Fachzeitschrift*	
WuM	WuM - Wohnungswirtschaft und Mietrecht *Eine juristische Fachzeitschrift*	
WV	Wiedervorlage	resubmission
Z. auch: **Ziff.**	Ziffer	paragraph, clause, sub-paragraph, sub-section
z. A.	zur Akte	to be filed
z. B.	zum Beispiel	e.g. (exempli gratia) *gelesen: for example*
ZBR	Zurückbehaltungsrecht	right of retention
z. b. V.	zur besonderen Verwen-dung	for special use
z. d. A.	zu den Akten	to be filed
ZFA	Zollfahndungsamt	customs investigation office
zfs	zfs - Zeitschrift für Schadensrecht *Eine juristische Fachzeitschrift*	
z. H. auch: **z. Hd.**	zu Händen (von)	for the attention (of) (Attn.)
z. I.	zur Information	for information

Ziff.	→**Z.**	
ZIP	Zeitschrift für Wirtschaftsrecht · ZIP *Eine juristische Fachzeitschrift*	
ZJS	Zeitschrift für das Juristische Studium *Eine juristische Online-Fachzeitschrift*	
z. K.	zur Kenntnis, zur Kenntnisnahme	for [your] information (FYI, f.y.i.)
ZKA	Zollkriminalamt *lenkt die Ermittlungen der* *Zollfahndungsämter*	customs investigation bureau
ZMR	ZMR - Zeitschrift für Miet- und Raumrecht *Eine juristische Fachzeitschrift*	
z. N.	zum Nachteil *steht vor der Bezeichnung* *des Geschädigten*	to the detriment (of)
ZP	Zusatzprotokoll	additional protocol
ZPO	Zivilprozessordnung	Code of Civil Procedure
z. T.	zum Teil	in part, to some extent
ZU	Zustellungsurkunde	affidavit of service
zugel.	zugelassen	admitted
zust.	zustimmend *in einer Fußnote*	concurring
	zuständig	competent
ZustVO	Zustellungsverordnung	service regulation
zutr.	zutreffend	applicable
ZV	Zwangsvollstreckung	(compulsory) enforcement

ZVG	Gesetz über die Zwangs- versteigerung und die Zwangsverwaltung	Act on Enforced Auction and Receivership
ZVR	Zentrales Vorsorgeregister	Central Register of Lasting Powers of Attorney
z. w. V.	zur weiteren Veranlassung	for further action
zz. auch: **zzt.**	zurzeit *im sinne von „derzeit"* *falsch: zur Zeit*	at present
ZZP	ZZP - Zeitschrift für Zivilprozess *Eine juristische Fachzeitschrift*	
zzt.	→**zz.**	

Unternehmensformen und deren Übertragung in die englische Sprache

AG (Aktiengesellschaft) / GB: public limited company (PLC, plc), US: publicly traded corporation

AG & Co. KG (Aktiengesellschaft & Co. Kommanditgesellschaft) / limited partnership with a plc as general partner

GbR (Gesellschaft bürgerlichen Rechts, BGB-Gesellschaft) / partnership under the Civil Code

gGmbH (gemeinnützige GmbH) / limited non-profit company

GmbH (Gesellschaft mit beschränkter Haftung) / limited liability company

GmbH & Co. KG / limited partnership with a limited liability company as a general partner

KG (Kommanditgesellschaft) / limited partnership

KGaA (Kommanditgesellschaft auf Aktien) / partnership limited by shares

OHG / oHG (offene Handelsgesellschaft) / ordinary partnership

PartG (Partnerschaftsgesellschaft) / partnership cooperation

UG (Unternehmensgesellschaft, Mini-GmbH, 1-Euro-GmbH) / company with limited liability and insufficient share capital

Personengesellschaft (GbR, OHG, KG, PartG) / partnership

Kapitalgesellschaft (GmbH, Mini-GmbH, KGaA, AG) / limited company (auch: company limited by shares)

Unternehmensformen sind nicht zu übersetzen, weil sie in der Fremdsprache nicht Eins-zu-eins identisch sind. Ist es dennoch erforderlich, sollte man die englische Übertragung in [...] hinzufügen.

Weitere Bücher von Wilfried F. W. Oppermann

Nichts - Nada - Nothing - Nic   (80 Seiten)
   Nichts - im wahrsten Sinne des Wortes.

Gar nichts - Nada de nada - Not a sausage - Nic a nic   (80 Seiten)
   Gar nichts - im wahrsten Sinne des Wortes.

Trainingsplanung Leichtathletik   (76 Seiten)
   Speziell für den Trainernachwuchs als Brücke zwischen dem C- und dem B-Trainer.

Speisekarten übersetzen   (Deutsch - Englisch)   (176 Seiten)
   Das wohl hilfreichste Wörterbuch in dieser Sprachrichtung.

Juristische Abkürzungen   (Deutsch - Englisch)   (60 Seiten)
   Ein Lernwörterbuch mit den ca. 600 gebräuchlichsten Abkürzungen auf dem juristischen Gebiet und deren Übersetzung ins Englische.

In Kürze:

Speisekarten übersetzen   (Deutsch - Spanisch)   (148 Seiten)
   Das wohl hilfreichste Wörterbuch in dieser Sprachrichtung.

... stets zur vollsten Zufriedenheit   (Deutsch - Englisch)   (116 Seiten)
   Arbeitszeugnisse verstehen, erstellen und übersetzen.

Wörterbuch Bildung, Ausbildung - Zeugnisse   (Deutsch - Englisch)
   Ein Fachwörterbuch als Hilfe bei der Übersetzung von Zeugnissen und Zertifikaten von allgemeinbildenden Schulen, Hochschulen, Berufsausbildungsstätten und anderen Bildungsträgern.